48
Lb. 1372.

Nota. — Nous avons cru devoir changer le titre que nous avions d'abord adopté; il a paru trop long. Nous le plaçons ici, parce qu'il contient le sommaire de notre ouvrage:

OBSERVATIONS

D'APRÈS LES PRINCIPES CONSACRÉS PAR LES CHAMBRES, ET DÉVELOPPÉS DANS UNE PROPOSITION DE M. LE MARÉCHAL DUC DE TARENTE, PAIR DE FRANCE,

SUR

Les Moyens de concilier tous les partis par la conciliation de tous les intérêts, de faire droit aux réclamations de plusieurs militaires, de donner aux immeubles dits nationaux la valeur des immeubles patrimoniaux, d'appaiser les plaintes d'une grande masse de créanciers d'anciens propriétaires dépouillés, d'augmenter le produit fiscal des droits de mutation, et d'améliorer le crédit public;

En accordant une juste indemnité (évaluée à 15 ou 20 millions par année) aux propriétaires dépouillés, réduits la plupart à la misère;

SAVOIR:

1°. Aux militaires qui ont perdu des dotations.
2°. Aux émigrés, pour leurs biens vendus qui reprendront leur valeur.
3°. En realisant aussi les droits à une juste indemnité, établis pour la même cause, par la Charte et les lois anterieures, en faveur des familles des guerriers arrachés à l'armée pour porter leur tête sur l'échafaud révolutionnaire; des militaires inscrits mal à propos sur la liste des émigrés, pendant qu'ils versaient leur sang pour la patrie; des Vendeens, des individus de tout âge, de tout sexe, de toute condition, déclarés suspects, condamnés ou proscrits, et victimes de la plus odieuse confiscation, sous le règne de Robespierre, comme *nobles, prêtres, incrédules, étrangers, opulents, pauvres, citadins, habitants des campagnes, politiques, banquiers, marchands, éloquents, indifférents, écrivains périodiques, lettrés, brissotins, fédéralistes, partisans du général La Fayette*, etc ; et, en un mot, de toutes les familles des condamnes et deportes, et des prévenus d'émigration, rayés ou éliminés, sous l'empire des constitutions, portant validité des ventes légalement faites de biens dits nationaux, sauf *l'indemnité due aux tiers dépossédés.*

SYSTÈME GÉNÉRAL

D'INDEMNITÉS,

POUR DOTATIONS PERDUES, ET BIENS DITS NATIONAUX VENDUS.

Monsieur de Chateaubriant, dans le *Conservateur* du .. novembre 1819, a proclamé les principes développés, en 1814, dans la chambre des pairs, par M. le maréchal duc de Tarente, sur les moyens de concilier tous les partis, par la conciliation de tous les intérêts, en accordant une juste indemnité aux guerriers qui ont perdu des dotations, et aux malheureux Français dont les biens ont été vendus comme nationaux.

Deux seuls journaux (le *Courrier* et le *Constitutionnel*) se sont déchaînés contre l'acte de justice et de politique proposé en faveur des émigrés. Des publicistes du plus grand mérite ont opposé aux systèmes de ces journaux des raisonnements forts de logique et d'éloquence ; mais ils n'ont considéré la proposition de M. le maréchal duc de Tarente que dans son ensemble : nous allons l'envisager dans ses détails. Nous nous atta-

1..

MOYENS

DE CRÉDIT PUBLIC,

EN DONNANT AUX BIENS DITS NATIONAUX LA VALEUR DES BIENS PATRIMONIAUX,

D'après les principes consacrés par les Chambres, et développés dans une proposition de M. le Maréchal duc de Tarente, pair de France;

OU

SYSTÈME GÉNÉRAL

D'INDEMNITÉS

(Évaluées à 15 ou 20 millions par année, dont l'État sera dédommagé par l'augmentation du produit des droits de mutation, et l'amélioration du crédit public),

POUR DOTATIONS PERDUES ET BIENS DE FAMILLE VENDUS COMME NATIONAUX.

A PARIS,

CHEZ Antne. BOUCHER, IMPRIMEUR,

SUCCESSEUR DE L. G. MICHAUD,

RUE DES BONS-ENFANTS, No. 34.

M. DCCC. XIX.

cherons à des faits authentiques, qui sont de nature à concilier toutes les opinions, parce que les conséquences qui en dérivent tendent à concilier tous les intérêts.

Nous prouverons les points suivants :

1°. La proposition développée, en 1814, dans la chambre des pairs, par M. le maréchal duc de Tarente, et prise de suite en considération, n'est que la conséquence des principes qui venaient d'être consacrés par la délibération des chambres, conformément à la Charte et aux lois antérieures, à l'époque de la discussion de la loi sur la remise aux émigrés de leurs biens invendus.

Il a été reconnu constitutionnellement, à cette époque, qu'il était indispensable, pour concilier tous les partis, par la conciliation de tous les intérêts, et pour donner aux biens dits nationaux la valeur des biens patrimoniaux, d'indemniser les guerriers qui ont perdu des dotations, et les émigrés dont les biens ont été vendus.

2°. On consacra aussi deux fois en principe, dans la chambre des députés de 1814, que les héritiers des condamnés et déportés, les Vendéens, et les autres Français inscrits sur la fatale liste des émigrés, même pendant qu'ils versaient leur sang pour la patrie, et rayés ou éliminés avant la restauration, se trouvaient dans une situation plus favorable encore que les émigrés, d'après les lois rendues en leur faveur, et qu'ils avaient des droits particuliers incontestables à une juste indemnité pour leurs biens mal à propos aliénés comme nationaux.

3°. Tout système en opposition avec ces principes est inconstitutionnel, injuste, contraire à l'intérêt général, et à tous les intérêts particuliers; impolitique et même incendiaire.

4°. Le système d'indemnités (les évaluations de 1814 montent à 15 ou 20 millions par année) sera d'autant moins onéreux pour le Trésor, qu'il sera dédommagé par l'accroissement du produit des droits de mutation, et que ce système deviendra, sous d'autres rapports, pour l'état, un moyen de crédit public.

5°. Nous indiquerons les mesures préparatoires qu'il est nécessaire de prendre pour connaître exactement le montant de l'indemnité à accorder.

6°. Nous prouverons qu'on peut commencer dès cette année-ci à réaliser le grand œuvre de facilité publique, réclamé par l'opinion publique et l'intérêt des acquéreurs, en économisant sur le budget une somme qui rentrera, d'ailleurs, au Trésor par l'accroissement des droits de mutation.

Nous nous abstiendrons de toutes digressions. Nous sonderons la plaie dans toute sa profondeur; mais la modération dirigera notre plume.

Calmer les passions, ramener à notre opinion les journalistes que nous sommes forcés de réfuter, faire dire aux anciens et nouveaux propriétaires, à tous ceux qui peuvent prendre parti pour la droite, le centre, ou la gauche : *il a raison ; il est impossible de faire autrement : nous sommes tous contents ; oubli et union*, tel est notre but.

FAITS.

Principes consacrés en 1814.—Extrait de la proposition de M. le maréchal duc de Tarente, et des Mémoires de M. Fouché.

Voici d'abord ce qui s'est passé dans les chambres, en 1814, à l'époque de la discussion de la loi sur la remise aux émigrés de leurs biens invendus.

La commission avait proposé un article additionnel portant : que dans aucun temps, et sous aucun prétexte, il ne pourrait y avoir lieu à indemnité en faveur des anciens propriétaires de biens vendus. (Art. 16 du projet amendé.)

Dans la discussion générale, presque tous les orateurs inscrits s'élevèrent contre cet article. Nous citerons quelques fragments de journaux qui nous tombent sous la main.

Extrait de la séance du 25 octobre 1814.

M. *Dastor* attaque le projet de loi, en ce qu'en rendant justice à ceux dont les biens ont été invendus, il n'accorde rien à ceux dont les biens ont été vendus. Il établit qu'on doit accorder une indemnité à ces derniers; il démontre, par des calculs, que cette indemnité peut être facilement accordée, et que cette proposition est conforme à la morale, à la politique, et même à l'intérêt des acquéreurs des domaines, dits nationaux. Il propose en conséquence l'article additionnel suivant : S. M. sera suppliée de présenter, 1°. une loi pour l'ouverture d'un crédit de 10 millions, afin de commencer à indemniser les propriétaires des biens vendus; 2°. une autre loi pour régler le mode d'indemnité.

M. *Durbach* (qui a été depuis membre de la chambre des représentants , après le 20 mars) combat le principe de la loi, et vote pour son rejet, parce qu'il prétend que la Charte valide les confiscations prononcées par les lois de la révolution contre les émigrés. Deux fois la chambre, par de violents murmures, fait justice de cette opinion isolée. L'orateur s'amende de lui-même, et conclut subsidiairement à ce qu'il soit fait une adresse à S. M. pour la supplier de présenter un autre projet qui concilie les intérêts de tous les propriétaires de biens vendus et invendus. Il trouve souverainement injuste, qu'en accordant tout aux premiers, on rende les autres victimes d'un hasard malheureux. Ainsi M. Durbach lui-même consacrait le principe d'indemnité en faveur des propriétaires de biens vendus.

MM. *Goulard*, *Delarigauderie*, et M. le maréchal-de-camp *Augier*, se prononcent en faveur de ce principe, et contre l'article additionnel de la commission, tendant à interdire tout espoir d'indemnité.

La séance fut renvoyée au lendemain pour la suite de la discussion.

Extrait de la séance du 26 octobre.

M. *Laborde* se prononce contre le projet de la commission, et propose des amendements favorables aux émigrés. — M. de *Perigui* annonce qu'il n'a point partagé l'opinion de la commission dont il était membre. Il vote pour le projet de loi, avec tous les amendements favorables aux émigrés, proposés dans le cours de la discussion. Il demande la question préalable sur l'art. 16 du projet de la commission. « Jetons, s'écria l'orateur, un voile funèbre sur le passé ; mais secondons franchement les intentions du Roi. Veut-on enlever jusqu'à l'espérance à ses malheureux compagnons d'infortune ? »

M. *Dampmartin* vote aussi pour le projet de loi avec des amendements favorables aux émigrés, et qui tendent notamment à la restitution des biens cédés aux hospices, qui seront indemnisés au moyen d'une imposition extraordinaire, à comprendre dans le prochain budget.

M. *Duclaux* consacre des observations préliminaires à rappeler le résultat de la discussion en faveur des émigrés. « Il n'est pas un orateur, dit-il, qui n'ait cherché à améliorer le sort de ces serviteurs fidèles. Il est du devoir de la chambre de tirer du principe toutes les conséquences qui en dérivent. » Tel a été le but de l'opinion de l'orateur.

M. *Prunelé* combat, comme les préopinants, l'art. 16 du projet de la commission. « Il faut, s'est écrié l'honorable membre, une réconciliation générale ; on ne peut y parvenir qu'en conciliant tous les intérêts. Je demande que la chambre se livre franchement aux moyens d'opérer une transaction qui concilie les intérêts de ceux dont les biens sont vendus, avec les intérêts des acquéreurs de ces biens. Je vous prie, Messieurs, de ne pas considérer comme une chimère ce grand acte de justice et de politique, qui vous fera bénir par la postérité. »

Un mouvement général d'enthousiasme prouve que la chambre partage l'opinion de l'honorable orateur. — La séance est levée.

Toutes les séances relatives à la discussion générale sur la loi concernant les émigrés, présentent le même résultat. La dernière, sur la discussion par article, offre un nouveau degré d'intérêt.

M. le maréchal-de-camp Augier avait demandé par amendement, que les dispositions du projet ministériel fussent déclarées applicables aux héritiers des malheureux condamnés par le tribunal de sang de Robespierre.

MM. *Dumolard*, *Silvestre de Sacy* et *Bedoch*, plaident aussi avec chaleur la cause de ces intéressantes victimes de la révolution. « Mais ce serait, disent-ils, leur porter préjudice que d'adopter l'amendement proposé, parce que les héritiers des condamnés et déportés ont des droits particuliers en vertu des lois de la convention nationale, qui leur ont assuré, non seulement la restitution des biens injustement confisqués et invendus, mais encore le paiement du prix des biens légalement aliénés. Les gouvernements antérieurs à la restauration ont négligé de remplir les engagements relatifs à l'indemnité due pour les biens vendus; ces engagements sont sacrés aux termes de la Charte. On s'occupera dans un autre moment des moyens de les acquitter; une disposition législative sur cette matière ne peut être introduite par forme d'amendement, dans la loi actuelle.

Tels furent, à-peu-près, les motifs développés par MM. Dumolard, Silvestre de Sacy et Bedoch ; ils furent adoptés ; et la chambre, en déclarant qu'il n'y avait pas lieu de délibérer quant à présent, sur un amendement proposé dans l'intérêt des héritiers des condamnés et déportés, préjugea qu'ils avaient des droits incontestables à une indemnité pour biens vendus.

(MM. *Bedoch* et *Dumolard* qui firent valoir ces droits, avaient, l'un, proposé, en qualité de rapporteur, l'article portant qu'il ne serait accordé aucune indemnité aux émigrés dont les biens avaient été aliénés, et M. Dumolard l'avait appuyé.)

On passa de suite à la délibération sur cet article.

M. le marquis de *Fourquevaux* (descendant du célèbre Beccaria, et parent de M. de Fontanes) avait combattu cet article dans la séance du 28 octobre, et proposé un système d'indemnité qui avait particulièrement fixé l'attention de l'assemblée. Il prend la parole pour ajouter aux raisons déjà développées, que le projet de la commission porte sans exception ni réserve, qu'il ne sera dans aucun temps, et sous aucun prétexte, accordé aucune indemnité pour biens vendus ; qu'ainsi le projet est inconstitutionnel, en ce qu'il détruit les droits des héritiers des condamnés et des prêtres déportés et reclus, et des prévenus d'émigration rayés et éliminés avant la restauration ; droits que la Charte n'a pu renverser et qu'elle a respectés, droits résultant des décrets de la convention nationale et des actes de ses comités, des lois et actes proclamés sous le directoire, et de la constitution du dernier gouvernement, qui n'a validé que les ventes *légalement* faites des biens dits nationaux, *sauf l'indemnité en faveur des propriétaires dépossédés.*

MM. *Dumolard* et *Bedoch* répondent que l'honorable préopinant aurait dû voir, par la délibération sur l'amendement de M. le maréchal-de-camp Augier, que le projet de la commission ne porterait aucun préjudice aux droits des héritiers des condamnés et déportés, et qu'on s'occuperait dans un autre moment du mode d'indemnité qui leur est dû pour biens vendus.

M. *Bedoch* ajoute, que la constitution du dernier gouvernement ne concernait que les prévenus d'émigration rayés et éliminés, et qu'elle ne pouvait être appliquée aux émigrés compris dans le projet de loi.

Ainsi ceux-là même qui s'opposaient à ce qu'on accordât une indemnité pour biens vendus, restreignaient leur proposition aux émigrés rentrés avec le roi ; ils reconnaissaient les droits à une indemnité de tous ceux qui avaient été frappés par des lois révolutionnaires révoquées avant la Charte, ou par une fausse application de ces lois, tandis que le *Courrier* et le *Constitutionnel*, sans approfondir la question, veulent tout sabrer.

Quoi qu'il en soit, il n'existait de difficulté, en 1814, que sur l'indemnité réclamée en faveur des émigrés non rayés ni éliminés avant la restauration.

M. *Lainé*, président de la chambre, usant des droits consacrés par le règlement, se fit remplacer au fauteuil, et parut à la tribune pour appuyer l'opinion de M. le marquis de Fourqueraux, et de tous les orateurs qui avaient demandé le rejet de l'art. 16 du projet amendé. Son éloquent discours, que nous regrettons de ne pouvoir retracer, produisit une impression qu'il nous serait impossible de décrire. L'honorable membre entraîna même la plupart de ceux qui penchaient pour l'art. 16; et cet article fut rejeté à la presque unanimité.

On avait proposé des articles additionnels pour encourager les arrangements volontaires entre les anciens et les nouveaux propriétaires, et pour déterminer à l'instant le mode d'indemnité. Ils furent écartés par des motifs de forme pris de ce que les uns ne pouvaient faire la matière d'une loi et rentraient dans le domaine des ordonnances; et de ce que les autres, sortant de la théorie des amendements, devaient être l'objet d'une proposition spéciale.

M. le marquis de Fourqueraux déposa, en conséquence, sa proposition tendant à indemniser les propriétaires de biens vendus, au moyen d'une somme annuelle, payable par le Trésor, et qui serait déterminée dans le budget de 1816, d'après le revenu desdits biens.

Chacun s'empressait, à l'envi, de développer le principe d'indemnité consacré par la chambre des députés, et ensuite par la chambre des pairs, lorsque M. le maréchal duc de Tarente, en sa qualité de pair de France, développa le projet, qui, cinq ans après, n'a offusqué que le *Courrier* et le *Constitutionnel*.

Ce projet avait pour objet d'indemniser non seulement les propriétaires de biens vendus, mais encore les militaires qui avaient perdu des dotations. Il ne faut pas, s'écria l'honorable pair, que nous nous séparions sans que ce grand œuvre de justice et de politique soit consommé.

La voix publique répondit à celle du guerrier, qui, après avoir moissonné dans les champs de la gloire, s'attachait si efficacement à consolider la paix intérieure et à asseoir la dynastie légitime sur des bases inébranlables. Les acquéreurs eux-mêmes pressaient l'exécution d'une mesure qui leur était si favorable.... Le 20 mars arriva.

Depuis, M. Fouché, à qui on ne peut refuser la connaissance profonde de l'esprit public en France, M. Fouché a proclamé, dans un Mémoire imprimé, que l'ordre et la tranquillité générale seraient rétablis parmi nous lorsque les ministres du Roi auraient la courageuse probité de présenter un projet de loi pour accorder une juste indemnité à ceux qui ont perdu des dotations ou des biens.

Résumé. — Conséquences.

Il suit de ce que nous venons de dire, que le *Courrier* et le *Constitutionnel* ne se seraient point élevés, s'ils eussent connu les faits que nous venons d'exposer, contre une mesure approuvée par tous ceux qui ne conservent aucune arrière-pensée, par tous ceux qui ne veulent plus de révolutions.

Les rédacteurs des articles que nous réfutons auraient reconnu, nous nous plaisons à le croire, que leur système, ayant pour objet de détruire le principe développé dans le projet de M. le maréchal duc de Tarente, est inconstitutionnel, parce qu'il tend à faire revivre, contre les émigrés, l'article additionnel, rejeté constitutionnellement en 1814, et même à absorber les droits à une indemnité que les lois établissent, d'après les auteurs même de l'article rejeté, en faveur des Français qui, victimes d'un hasard malheureux, subissent encore toutes les rigueurs de la plus odieuse des confiscations.

On voit figurer sur la liste de ces victimes non

seulement des prêtres, des nobles, des Vendéens et des parents d'émigrés, mais encore des militaires arrachés à leurs drapeaux pour porter la tête sur l'échafaud révolutionnaire, ou inscrits sur la fatale liste des émigrés, pendant qu'ils versaient leur sang pour la patrie ; on y voit figurer des individus de tout âge, de tout sexe, de toute condition, déclarés *suspects* comme *fanatiques*, *incrédules*, *aventuriers*, *étrangers*, *opulents*, *pauvres*, *citadins*, *habitants des campagnes*, *politiques*, *marchands*, *banquiers*, *éloquents*, *indifférents*, *écrivains périodiques*, *lettrés*, *Brissotins*, *fédéralistes*, *partisans du général La Fayette.* Grand nombre de ces *suspects* ont essuyé les effets du système d'*épuration de la population*, qui *faisait battre monnaie sur la place de la Révolution*, pour réduire la France à 10 millions de citoyens, et les faire jouir des bienfaits de *la loi agraire.* S'ils ont échappé, par la fuite, à la déportation, à la guillotine permanente, aux fusillades, aux noyades, les frères et amis ont attrapé leurs biens d'un trait de plume par l'inscription sur la liste des émigrés. Ces biens ont été séquestrés. Depuis le 9 thermidor, les familles des condamnés et déportés, les militaires et autres citoyens, victimes d'une fausse application des lois rendues contre les émigrés, ont obtenu la restitution de leurs biens, le droit de réclamer contre les ventes nulles, et la garantie du paiement du prix, si la vente avait été légalement faite.

Il fut reconnu *une noce*, en 1814, que ces engagements, trop long-temps illusoires, étaient sacrés. Personne ne songea à opposer une déchéance. Il fut reconnu que les droits à une indemnité des propriétaires de biens vendus, étaient d'autant plus incontestables, que la nation avait profité de ces biens.

Le système du *Courrier* et du *Constitutionnel* est donc non seulement entaché du vice d'inconstitutionalité, mais encore d'une injustice révoltante.

On peut surtout appliquer à de pareils systèmes ce que Lucien Buonaparte disait à son frère, après la mort du duc d'Enghien : *C'est plus qu'un crime, c'est une faute politique.*

De pareils systèmes sont en effet, sous tous les rapports, en opposition avec les intérêts de l'Etat, avec tous les intérêts : ils ne font que des mécontents.

Ils sont contraires aux intérêts d'une grande masse de créanciers qui ne peuvent être payés qu'autant que leurs débiteurs, propriétaires de biens vendus, seront indemnisés. M. le maréchal-de-camp Augier développa à cet égard, dans la séance du 26 octobre 1814, les suites funestes de l'article (rejeté) qui tendait à interdire tout espoir d'indemnité, et proposa, dans l'intérêt des créanciers, une disposition qui fut écartée parce qu'elle ne pouvait trouver place que dans la loi qui réglerait le mode d'indemnité.

De pareils systèmes sont contraires aux intérêts des acquéreurs, du fisc, à l'amélioration du crédit public, parce que les domaines dits nationaux ne peuvent reprendre leur valeur que lorsque les anciens propriétaires dépouillés seront indemnisés ; alors la confiance renaîtra, les capitaux resserrés seront employés en acquisitions d'immeubles, parce qu'il n'existera plus de différence entre les propriétés foncières ; le produit des droits fiscaux s'accroîtra, chaque année, de manière à fournir en grande partie les moyens de payer l'indemnité due aux anciens propriétaires dépouillés ; les rentes augmenteront progressivement et parviendront bientôt au taux le plus élevé, surtout si on paie l'indemnité en inscriptions.

Enfin, de pareils systèmes sont impolitiques, incendiaires même, parce que ce n'est qu'en indemnisant les anciens propriétaires dépouillés, qu'on fera cesser toutes les inquiétudes, toutes les plaintes, tandis qu'en gravant sur le frontispice du palais du Roi et des Chambres, ces mots inscrits sur la porte de l'Enfer : *Ici, il n'y a plus d'espérance*, on enfante tous les maux qu'entraînent l'exaspération et le désespoir.

*Réfutation d'un argument financier. — Éva-
luation approximative du total de l'indemnité due. — Mesures préparatoires à prendre
pour savoir à quoi s'en tenir. — Mesures
provisoires pour ne pas retarder le grand acte
de justice et de politique commandé par l'intérêt général et tous les intérêts particuliers.*

Forcés dans leurs premiers retranchements,
les antagonistes du système d'indemnité se re-
jettent sur cette grande raison d'économie politique qui sert de prétexte banual pour éluder
la réparation de grandes injustices; ils soutien-
nent que le mal est trop grand pour qu'on puisse
le réparer.

Cet argument a été victorieusement réfuté en
1814, dans la chambre des députés, et par les
financiers les plus éclairés.

Les motifs de réfutation sont développés dans
un écrit dont nous allons donner l'extrait.

« Si on jugeait de la consistance et de la valeur
des biens vendus sur les émigrés, par le nombre
des individus inscrits comme tels dans tous les
départements, peut-être aurait-on raison de re-
douter l'obligation de rendre indemnes tous ceux
que la loi de la confiscation a pu atteindre; mais
ce n'est pas sous cet aspect qu'il faut envisager
la masse des biens qui ont été réellement vendus
et pour lesquels il y aurait lieu à indemnité.

» Les causes suivantes ont considérablement réduit la matière des confiscations :

» 1°. Dans les premières années qui ont suivi la promulgation des lois rendues contre les émigrés, il s'est présenté peu d'acquéreurs pour acheter leurs biens, et tant qu'il y a eu d'autres biens nationaux à vendre, on les a préférés ; en sorte que, dès 1795 et 1796, beaucoup de Français, momentanément expatriés, ont reparu et ont repris possession de leurs propriétés ;

» 2°. La plupart des maisons, hôtels et autres édifices que les émigrés possédaient à Paris et dans les autres grandes villes, ont été employés à former le siége des administrations et des établissements publics ; on ne les a pas vendus, et aujourd'hui on les restitue en nature à leurs propriétaires ;

» 3°. Les bois d'une certaine étendue, faisant partie des biens ruraux confisqués, ont été également conservés et se restituent en nature ;

» 4°. Les terres et seigneuries qui faisaient la meilleure partie de la fortune des émigrés, comprenaient beaucoup de droits et revenus féodaux ; et la suppression de ces droits, indépendante de la confiscation, avait opéré déjà une forte diminution dans la valeur de cette nature de biens ;

» 5°. Les biens confisqués étaient aussi, pour la plupart, grevés de charges et d'hypothèques ; les créanciers des émigrés sont devenus créanciers de l'État, et le plus grand nombre d'entre eux a requis et obtenu sa liquidation; ainsi, il faut encore déduire, sur le prix des biens, la portion représentée par les dettes dont l'État s'est chargé et dont les émigrés ont été affranchis.

» Tous ces objets de retranchement réduisent à un capital beaucoup moindre qu'on ne l'imagine communément, la valeur véritable des biens libres confisqués et vendus pour cause d'émigration.

» Lorsque l'Assemblée constituante déclara, en 1789, que les biens du clergé étaient à la disposition de la nation, on estimait que le clergé possédait environ un sixième ou un septième des biens du royaume, et on en portait la valeur à 2 milliards 400 millions.

» Assurément la fortune présumée de l'universalité des émigrés n'équivalait pas au quart du montant des biens ecclésiastiques.

» La noblesse française, celle au moins qui a fourni le plus de sujets à l'émigration (les princes de la maison de France exceptés), ne possédait qu'une très petite portion des biens du royaume: beaucoup de militaires et de jeunes gens s'expatriaient; mais les pères de famille, retenus par l'âge, les infirmités et l'espérance de conserver leur héritage à leurs enfants, restèrent presque tous en France, ou y revinrent quand les proscriptions commencèrent à se ralentir et avant que leurs biens fussent vendus.

» Ce qui est resté soumis à la confiscation n'a plus formé que la moindre partie de ce qui avait été séquestré dans l'origine ; et dans le calcul des indemnités, ce résidu diminue encore, comme on vient de le dire, du montant des droits seigneu‑riaux supprimés , de l'équivalent des dettes payées par l'État , et de la portion des biens conservés en nature.

» Enfin , ce serait forcer l'estimation des biens libres vendus , que d'en porter la valeur à 400 mil‑lions.

» Une rente perpétuelle de 16 ou 18 millions suffirait pour l'indemnité complète de tous ceux dont on a vendu les biens ; et très probablement, par l'événement de la liquidation, cette indemnité serait beaucoup moindre.

» Balancerait‑on à racheter, moyennant une aussi faible redevance, la dette contractée au nom de l'État par d'injustes confiscations ? En quoi la restitution du prix des ventes, ou le paiement d'une indemnité équivalente, troubleraient‑ils l'ordre de la société? Il n'y a là que des créanciers à reconnaître et à satisfaire, et des créanciers d'un rang privilégié ; car le versement fait au Trésor, du prix d'un bien ravi à son propriétaire, constitue , à la charge de l'État, une dette encore plus sacrée que celle qu'il a contractée envers un prêteur volontaire. »

Ainsi donc, d'après un écrivain, qui a calculé très haut le montant de l'indemnité à accorder, elle ne s'élèverait annuellement qu'à 15 ou 18 millions.

Il est vrai que l'auteur de ce calcul, motivé sur des faits, n'a point parlé des héritiers des condamnés et des prêtres reclus ou déportés, parce qu'on a rendu les biens aux familles en exécution des lois de l'an III (1795); mais les biens vendus étaient alors en si petit nombre, qu'en joignant l'indemnité due pour les biens aliénés, à celle réclamée par l'auteur de l'article, qui embrasse tous les émigrés rentrés avec le roi, ou rayés et éliminés avant la restauration, on peut porter l'évaluation du total de l'indemnité pour biens vendus, à 20 millions par année.

Admettons (concession qui nous paraît gratuite), que l'évaluation s'élève, après la liquidation, à 25 millions; l'État sera dédommagé en grande partie par l'augmentation du droit de mutation.

Si on stipule qu'il sera passé un contrat, entre le propriétaire indemnisé et l'acquéreur, et aux frais de ce dernier, le trésor recevra pour cet objet, près de 30 milions, et donnera, à l'instant, aux biens dits nationaux, la valeur des biens patrimoniaux. L'acquéreur qui, en retirant 100,000 fr.

par exemple, d'un immeuble qui circule difficilement, gagnera 5o pour cent et plus, s'empressera de profiter de la loi qui, par l'abolition du droit d'aubaine, à appelé les capitaux étrangers. De là, dès la même année, de nouveaux contrats de vente, et de nouveaux droits de mutation et de transcription. Et ce mouvement de rotation ou de circulation d'une masse de propriétés de plus de 4oo millions, deviendra d'autant plus fréquent et d'autant plus rapide, que depuis trop long-temps il a été arrêté, parce que les anciens propriétaires n'ont pas été indemnisés.

Qu'on ajoute à ces avantages fiscaux, ceux qui résultent du système d'indemnité, sous le rapport de la morale et du rétablissement de la paix intérieure, et il est impossible de n'être pas convaincu que le gouvernement ne saurait trop se hâter d'accomplir ce grand œuvre de félicité publique.

Dès qu'il aura commencé à le réaliser, il en recueillera les fruits. Les discussions que font naître la loi d'élection, et celles reclamées sur la garde nationale, le pouvoir municipal, etc., deviendront très simples; les difficultés cesseront. La cause secrète de toutes les agitations aura été extirpée. On aura tranché le nœud gordien, en *donnant à tous les intérêts garantis par la Charte, cette profonde sécurité, si nécessaire au bonheur de tous.*

Le ministère peut, dès cette année, obtenir ce

résultat, en présentant, dès l'ouverture de la session, un projet conforme à la proposition de M. le maréchal duc de Tarente, sauf les améliorations dont elle est susceptible, et en économisant sur le budget une somme de. . . millions, dont il sera crédité, pour l'employer à indemniser les anciens propriétaires de biens vendus, en commençant par les plus pauvres. On pourrait suivre à cet égard les règles qu'on a adoptées pour les donataires qui ont perdu des dotations.

Si ce projet de loi est rédigé de manière à concilier réellement tous les intérêts ; si on n'y retrouve pas le cachet d'un système à bascule, la rédaction des autres lois et leur adoption couleront de source.

Du reste il sera très facile de connaître promptement le total de l'indemnité due pour biens vendus, en consultant le tableau général des décomptes faits en 1808, en vertu des actes du dernier gouvernement, qui exigea un supplément de prix. Ce tableau se trouve au dépôt général de l'administration des Domaines (bureau général du timbre, près la place Vendôme).

Nous pourrons, dans un autre écrit, développer les idées que nous ne faisons aujourd'hui qu'ébaucher.

Ce que nous venons de dire suffirait sans doute pour ramener à notre opinion tous ceux qui, voulant sincèrement le bien public, sont incapables de se laisser dominer par l'égoïsme, l'orgueil d'opinion et l'esprit de parti.

Mais on ne doit rien négliger dans une cause aussi importante.

Nous avons établi que le système des antagonistes de la proposition de M. le maréchal duc de Tarente, est inconstitutionnel, parce qu'il tend à faire revivre une disposition rejetée constitutionnellement en 1814; parce que M. le maréchal duc de Tarente n'a fait que développer un principe consacré par les chambres.

Pressant cet argument, pour qu'on ne puisse pas supposer que nous voulons emporter le fond par la forme, nous rétorquerons contre nos adversaires l'article 9 de la Charte, qu'ils caressent avec le plus de complaisance, et sur lequel ils placent sans cesse leurs batteries.

Cet article porte : « Toutes les propriétés sont » inviolables, sans aucune exception de celles » qu'on appelle nationales, *la loi ne mettant au-* » *cune différence entr'elles.* »

Le système d'indemnité est-il contraire à cet article?

La raison seule démontre qu'il en est la conséquence immédiate, puisque son résultat sera d'effacer la différence *qui existe de fait* entre les domaines dits nationaux et les biens patrimoniaux.

Le système de nos antagonistes tendant à perpétuer cette différence, est seul en opposition avec l'esprit de l'article qu'ils invoquent. Il est seul inconstitutionnel.

Il y a plus. Le système d'indemnité est le complément nécessaire de l'art. 9.

Rappelons d'abord, qu'en règle générale la Charte, comme tous les grands contrats politiques, se borne à poser des principes dont le mode d'exécution est réglé par des lois particulières, lorsque les circonstances l'exigent.

Ainsi les principes constitutionnels sur la Chambre des députés, et le système électoral, ont été développés, les uns dans un règlement annexé à la Charte, les autres dans la loi d'élection ; ainsi l'article de la Charte qui rend les ministres responsables, attend la loi sur la responsabilité ministérielle.

L'expérience a démontré que l'article 9 que nous discutons n'a point suffi pour atteindre le but de son auteur. Il sert de texte aux agitateurs pour dénaturer les intentions les plus pures, et inspirer des inquiétudes. Enfin la distinction que le législateur a voulu effacer, existe et paralyse le mouvement des transactions sociales.

L'article 9 attend donc une disposition complémentaire.

Quel moyen peut-on employer pour garantir son exécution ?

Les protestations, les actes récognitifs ? On

les a inutilement épuisés. Toutes les garanties sur garanties qu'on a accordées, toutes les concessions qu'on a faites, n'ont abouti qu'à fournir des prétextes pour en demander de nouvelles ; elles semblent avoir renouvelé, pour une certaine classe d'hommes, les effets du supplice de Tantale.

Aura-t-on recours à des mesures de rigueur ? Ces mesures ont, sous les gouvernements antérieurs à la restauration, produit un résultat diamétralement opposé à celui qu'on espérait.

On avait imaginé la défense de distinguer, même dans les annonces, les domaines nationaux des biens patrimoniaux, et le remède a été pire que le mal ; les capitalistes ont resserré leurs capitaux.

On ne commande pas la confiance ; il faut l'inspirer. Ce n'est qu'en l'inspirant qu'on peut assurer l'exécution de l'art. 9 de la Charte.

Quel est donc le moyen d'obtenir cet avantage ?

Buonaparte l'a tracé dans la Constitution de l'an VIII, en validant les ventes légalement faites des biens dits nationaux, sauf l'indemnité en faveur des tiers dépossédés.

Cette indemnité peut seule réconcilier les anciens et nouveaux propriétaires, en procurant à ceux-ci un nouveau gage de sécurité, dans la satisfaction qu'on accordera aux autres, et en donnant ainsi aux biens dits nationaux la valeur des biens patrimoniaux.

L'art. 9, considéré isolément, appelle donc le système d'indemnité, bien loin de le repousser. Ce système sort de l'article qu'on nous oppose, comme l'effet de la cause. Il a été dans la pensée du législateur, parce que, seul, il peut garantir l'exécution de sa volonté.

L'art. 70 ne laisse aucun doute sur le sens de l'art. 9.

Le législateur, après avoir proclamé que les propriétés sont inviolables, sans distinction, ajoute que la loi garantit la dette publique, et déclare inviolables toutes espèces d'engagements de l'Etat envers ses créanciers, quels qu'ils soient.

La question se réduit à savoir si celui dont l'Etat a vendu les biens et en a touché le prix, est créancier de l'Etat? Or, une semblable question n'a besoin que d'être énoncée pour qu'elle soit résolue affirmativement par tous les bons esprits. Il n'est pas permis de distinguer quand la loi ne distingue pas; et une exception contraire aux intérêts des anciens propriétaires de biens vendus, serait d'autant plus injuste, d'autant plus impolitique, qu'elle serait en opposition avec les intérêts des nouveaux propriétaires, et avec ceux de l'Etat. L'art. 10 se lie à l'art. 9, et a pour but d'en assurer l'exécution, parce que ce n'est qu'en remboursant aux anciens propriétaires le prix reçu par l'Etat de leurs biens vendus, ou en leur payant une indemnité équivalente, qu'on peut effacer toutes différences entre les domaines patrimoniaux et ceux qu'on appelle nationaux.

Poursuivons.

Les art. 10 et 66 de la Charte, portent : « L'Etat peut exiger le sacrifice d'une propriété pour cause d'intérêt public légalement constaté, mais *avec une indemnité préalable.* » (Art. 10.)« La peine de la confiscation des biens est abolie, et ne pourra pas être rétablie. » (Art. 66.)

Nous ne tirerons pas de ces articles toutes les conséquences qu'ils nous présentent à l'appui du système d'indemnité. Nous voulons éviter la guerre des mots, et surtout ne laisser aux aberrations de l'esprit de parti, aucun prétexte pour se livrer à des digressions intempestives.

Mais, nous resserrant dans le cadre le plus étroit, nous dirons avec confiance : L'auteur de la Charte a expliqué sa volonté d'une manière irréfragable, par l'exécution qu'il a donnée aux articles 9 et 10, en faisant la remise aux anciens propriétaires de leurs biens invendus. Il ne peut y avoir de différence entre les droits des uns sur leur chose elle-même, et le droit des autres sur le prix de ce qui leur appartenait. Ceux dont les biens ont été vendus, sont donc propriétaires de la valeur de ces biens dont l'Etat a profité. L'intérêt public s'oppose-t-il à ce qu'on les rembourse dans les formes voulues par la loi générale? On leur doit au moins une indemnité ; leur refuser cette indemnité, serait rétablir à leur égard la confiscation, puisqu'on les dépouillerait du prix que la Charte leur garantit.

Cette interprétation des art. 10 et 66, nous paraît d'autant moins susceptible de contestations, qu'elle rentre dans l'exécution des art. 9 et 70 , si rigoureusement commandée par la justice et par la politique, par l'intérêt des acquéreurs et celui de l'État,

Enfin, nous avons vu que, dans la discussion de 1814, la commission avait proposé un amendement pour interdire aux anciens propriétaires de biens vendus, tout espoir d'indemnité. Si le principe d'indemnité n'eût pas été dans la Charte, S. M. se serait empressée de consentir cet amendement. Les commissaires du Roi l'ont combattu ; l'amendement a été rejeté. Le principe d'indemnité est donc consacré par la Charte, et par l'exécution qu'elle a reçue.

Les circonstances ont fait ajourner le mode d'application de ce principe ; elles n'ont pu le détruire.

L'État n'a point reculé devant le gouffre de l'arriéré des fournisseurs ; ce gouffre a été comblé.

L'indemnité à payer pour biens vendus, sera moins onéreuse que cet arriéré. Nous avons cavé au plus fort par l'évaluation approximative que nous avons présentée ; elle sera réduite par plusieurs causes que nous n'avons pas rapportées, et notamment par le précomptement des dettes que l'Etat a soldées à la décharge des personnes à indemniser. Des mémoires qui viennent de nous être remis, ne portent l'évaluation totale, l'un qu'à 300 millions, et l'autre à 200.

Du reste, le Trésor recevra en grande partie d'une main ce qu'il paiera de l'autre, au moyen de l'augmentation du produit des mutations, évaluées à 10 et 12 millions par année, de l'accroissement de recettes qui résultera de l'amélioration du crédit public, et des 30 millions environ que procurera l'exécution de la clause portant que l'indemnisé, en recevant les bons d'indemnité, consentira un acte (qu'on qualifiera comme on voudra) en faveur des propriétaires actuels.

Ces propriétaires peuvent sans doute dormir en paix, mais l'abondance de biens ne nuit pas. Les nouveaux propriétaires recevront un complément de garantie qui sort de la Charte. Leurs immeubles acquerront la valeur des immeubles patrimoniaux.

Les nombreux créanciers des personnes à indemniser, seront satisfaits.

Les familles des malheureux assassinés et déportés sous le règne de Robespierre, toutes celles qu'on a dépouillées en abusant même des lois sur la confiscation, cesseront d'être victimes d'un hasard malheureux. Les engagements inviolables contractés à leur égard seront remplis.

Les ministres du Roi ne seront plus froissés entre deux partis, parce que les partis seront conciliés par la conciliation de tous les intérêts. Ils n'auront plus à lutter que contre une opposition qui est l'essence des gouvernements représentatifs. La confection des lois et surtout leur exécution deviendront faciles. Les intérêts anciens et les intérêts nouveaux seront confondus; on ne pourra plus les mettre aux prises; et si on le tentait, les nouveaux propriétaires repousseraient eux-mêmes les perfides manœuvres qu'on croirait pouvoir hasarder pour les égarer. Ils diront : Nous ne voulons ni révolutions, ni république, ni usurpation, parce que nous en serions seuls victimes. Nous voulons jouir en paix des bienfaits de la restauration; elle est notre seule sauvegarde; le Roi, la Charte, la légitimité qui en est inséparables, des lois monarchiques constitutionnelles, un système d'administration entièrement monarchique constitutionnel, l'exécution des traités de la Sainte-Alliance: voilà ce qui nous convient. Et les sophismes ne peuvent nous en imposer; nous sommes propriétaires patrimoniaux.

Le paiement de l'arriéré, depuis 1800, des fournisseurs était loin de procurer ces avantages. On a exécuté rigoureusement à leur égard l'art. 70 de la Charte. Pourrait-on retarder plus long-temps l'exécution de cet article envers les anciens propriétaires de biens vendus comme nationaux.

Toute la France y est intéressée. Elle ne sera pas exposée aux maux qui, depuis deux siècles, affligent l'Irlande, où l'on voit encore deux peuples sur le même sol, parce que d'anciens propriétaires n'ont pas été indemnisés.

Quelques journalistes y perdront ; mais le système de compensation de M. Azaïs leur offrira des sujets de consolation.

Le Roi ne pourra point peut-être faire tout-à-la-fois ; mais il est trop juste pour ne pas faire tout ce qui sera possible.

Si les ministres du Roi présentent dans le cours de cette session un premier projet, dont le mode d'exécution serait renvoyé à la session prochaine, et dont nous avons plus haut indiqué les bases, ils auront commencé, dans leur intérêt, la guérison de la plaie de la France.

Nous ne pouvons mieux terminer qu'en transcrivant ici l'article du *Conservateur*, dont nous avons parlé dans la première page de cet écrit.

Les droits des militaires qui ont perdu des dotations, étant incontestables et garantis, M. de Châteaubriant s'exprime ainsi en faveur des anciens propriétaires de biens vendus :

« Une autre mesure importante serait encore
» prise par l'administration royaliste. Cette ad
» ministration demanderait aux chambres, *tant*

» dans l'intérêt des acquéreurs que dans celui
» des anciens propriétaires, une *juste indemnité*
» pour les familles qui ont perdu leurs biens dans
» le cours de la révolution. Les deux espèces de
» propriétés qui existent parmi nous, et qui
» créent, pour ainsi dire, deux peuples sur le
» même sol, sont la grande plaie de la France.
» Pour la guérir, les royalistes n'auraient que le
» mérite de faire revivre la proposition de M. le
» maréchal Macdonald. On apprend tout dans les
» camps français. La justice donne la gloire. »
(V. la 58e. livraison du *Conservateur.*)

Illustre Maréchal! ces paroles mémorables ne
sont pas perdues pour vous, vous avez le premier
expliqué la pensée de l'auteur de la Charte, en
développant les droits à une juste indemnité,
des guerriers qui ont mérité, sur le théâtre de
votre gloire, les dotations qu'ils ont perdues, et
des familles qui subissent encore la rigueur des
lois sur la confiscation, parce qu'elles sont victimes d'un hasard malheureux. Votre proposition
embrassant les intérêts de tous les anciens propriétaires de biens vendus comme nationaux, fit ren-
trer, consolés, dans la tombe, les mânes plaintifs
des militaires arrachés à leurs drapeaux, pour être
livrés à des tribunaux de sang, et des Français de
toute condition, égorgés à la même époque; leurs
descendants, moins heureux que les fournisseurs,

peuvent cependant, grâces à vos soins, espérer l'accomplissement de la foi jurée.

Vous avez porté la consolation dans l'ame des infortunés inscrits sur la fatale liste des émigrés, déportés, dépouillés de leur modique patrimoine même pendant qu'ils versaient leur sang pour leur pays, et réduits à la misère parce qu'on n'a point payé l'indemnité garantie pour biens vendus, par des actes solennels que la Charte a respectés et dû respecter. Vous avez acquis des droits à la reconnaissance de tous les fidèles serviteurs du Roi, en indiquant les moyens de remplir, à leur égard, les engagements que la Charte a déclarés inviolables ; enfin, le digne chancelier d'un ordre dépositaire de l'oriflamme sacrée : *Tout pour l'honneur*, s'est rendu l'interprète des sentiments du fils de Saint-Louis, et a bien mérité de la patrie, par la proposition d'une mesure constitutionnelle qui peut seule guérir la grande plaie de la France, et transmettre pur et intact, aux générations futures, le plus précieux héritage de nos aïeux, *l'honneur national*, en effaçant la tache que lui impriment les effets trop long-temps perpétués de la maxime impie de Robespierre : *Ici, on hérite de ceux qu'on assassine. La nation française recueille le fruit d'un assassinat.*

M. le Maréchal, cette grande nation attend, la postérité vous contemple ; il vous appartient de couronner votre ouvrage. Tout concourt à établir

que vous serez secondé par les honorables mem-
bres de l'aréopage que vous avez illustré par votre
proposition ; elle fut prise à l'unanimité en considération ; et bientôt, sans doute, nous entendrons
répéter : *Les Chambres ne se sépareront pas sans
que ce grand œuvre de justice et de politique,
commandé par la Charte et l'honneur national,
par l'intérêt des acquéreurs et ceux de l'État, ne
soit consommé. L'abîme des révolutions est
fermé.....* VIVE LE ROI !

L'auteur de cet ouvrage l'a rédigé sans préten-
tion. Il a pris la plume, le cœur a dicté. Heureux
s'il a atteint son but ! si tous les anciens et nouveaux propriétaires, si tous ceux qui prennent
parti pour la droite, le centre ou la gauche, peuvent se dire : *Il a raison, on ne peut faire autrement : nous sommes tous contents : oubli et
union.* VIVE LE ROI !

D***G,

*Ancien Magistrat, neveu d'un an-
cien militaire distingué massacré
le 2 septembre, fils d'un ancien
magistrat assassiné par le tribunal révolutionnaire, et père d'un
militaire de l'ancienne garde.*